Impressum
Verlag: BABADADA GmbH, Nedderfeld 112 , 22529 Hamburg
Geschäftsführer / Verlagsleitung: Harald Hof
Druck: Books on Demand GmbH, In de Tarpen 42, 22848 Norderstedt

Imprint
Publisher: BABADADA GmbH, Nedderfeld 112 , 22529 Hamburg, Germany
Managing Director / Publishing direction: Harald Hof
Print: Books on Demand GmbH, In de Tarpen 42, 22848 Norderstedt, Germany

1

skola

escola

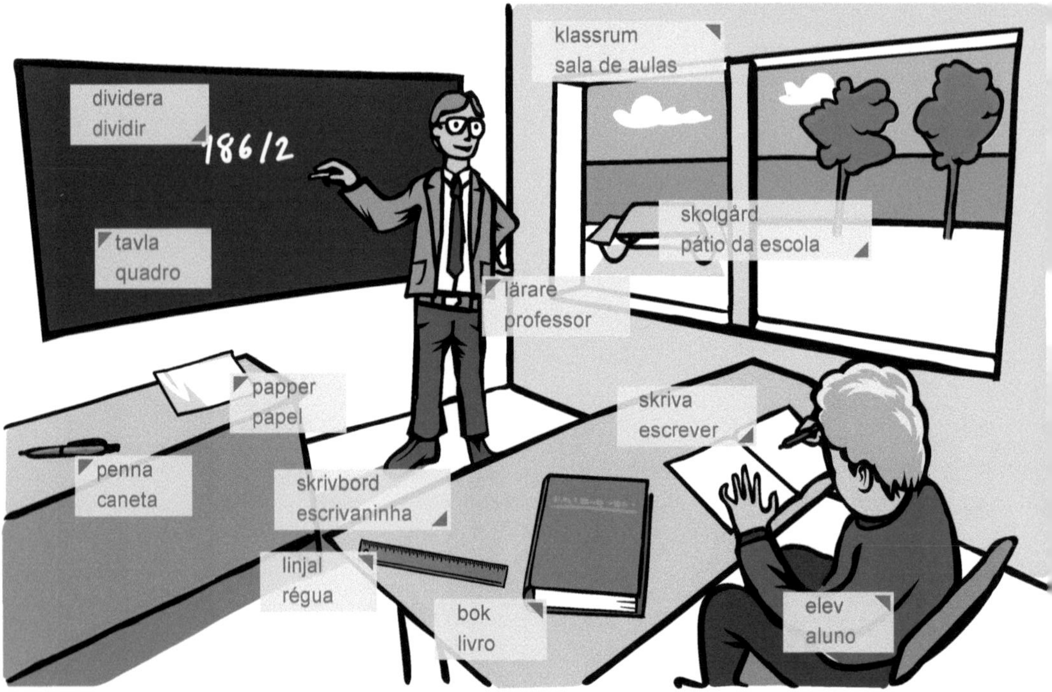

klassrum
sala de aulas
dividera
dividir
186/2
tavla
quadro
skolgård
pátio da escola
lärare
professor
papper
papel
skriva
escrever
penna
caneta
skrivbord
escrivaninha
linjal
régua
bok
livro
elev
aluno

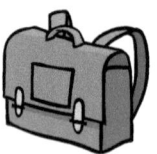

skolväska

sacola

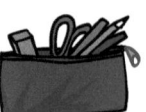

pennfodral

estojo de lápis

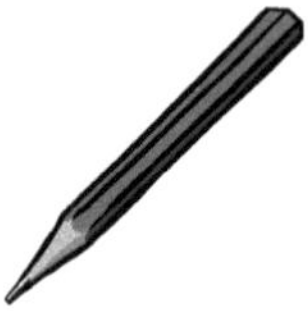

blyertspenna

lápis

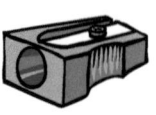

pennvässare

apontador de lápis

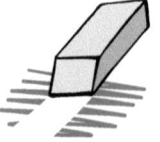

suddgummi

borracha

ritblock

bloco de desenho

teckning

desenho

pensel

pincel

målarláda

estojo de tintas

sax

tesoura

lim

cola

övningsbok

livro de exercícios

hemläxa

lição de casa

12

tal

número

2+2

addera

somar

5-2

subtrahera

subtrair

2×2

multiplicera

multiplicar

räkna

calcular

A

bokstav

letra

ABCDEFG HIJKLMN OPQRSTU VWXYZ

alfabet

alfabeto

hello

ord

palavra

text

texto

läsa

ler

krita

giz

lektion

hora

register

registro da classe

prov

exame

intyg

certificado

skoluniform

uniforme escolar

utbildning

educação

uppslagsverk

enciclopédia

universitet

universidade

mikroskop

microscópio

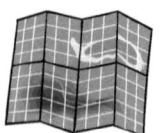

karta

mapa

papperskorg

cesto de lixo

hotell
hotel

Grand

vandrarhem
albergue

ROOMS

växelkontor
casa de câmbio

EXCHANGE

resväska
mala

bil
carro

språk
idioma

ja / nej
sim / não

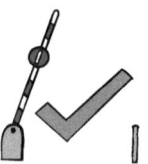

Okay
ok

hej
Olá

översättare
tradutor

Tack
obrigado

hur mycket kostar...?

quanto custa...?

jag förstår inte

eu não entendo

problem

problema

God kväll!

boa noite!

God morgon!

Bom dia!

God natt!

Boa noite!

hejdå

até logo

riktning

direção

bagage

bagagem

väska

bolsa

ryggsäck

mochila

gäst

convidado

rum

quarto

sovsäck

saco de dormir

tält

barraca

resa - viagem

turistinformation

informação turística

strand

praia

kreditkort

cartão de crédito

frukost

café da manhã

lunch

almoço

middag

jantar

biljett

bilhete

hiss

elevador

frimärke

selo

gräns

fronteira

tull

alfândega

ambassad

embaixada

visum

visto

pass

passaporte

transport
transporte

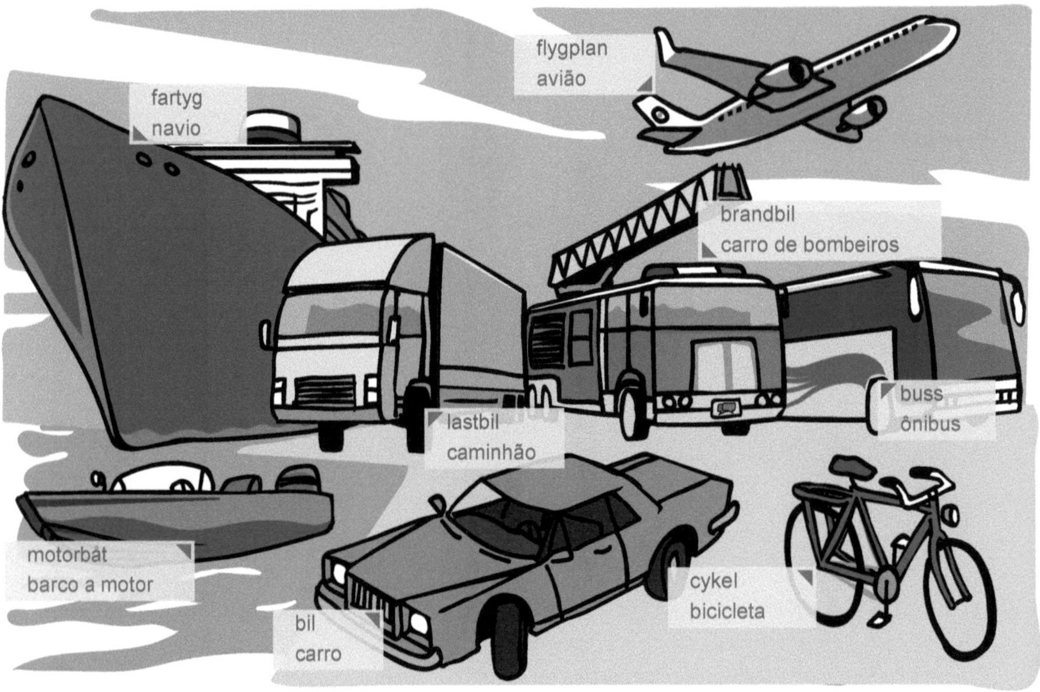

flygplan
avião
fartyg
navio
brandbil
carro de bombeiros
buss
ônibus
lastbil
caminhão
motorbåt
barco a motor
cykel
bicicleta
bil
carro

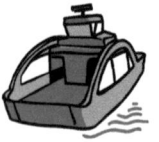

färja

balsa

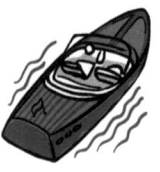

båt

barco

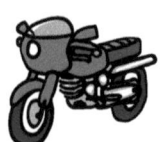

motorcykel

motocicleta

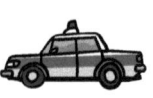

polisbil

veículo policial

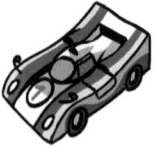

racerbil

carro de corrida

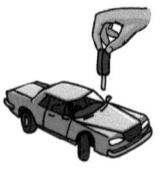

hyrbil

carro de aluguel

bilpool

compartilhamento de automóvel

bärgningsbil

caminhão de reboque

sopbil

caminhão de lixo

motor

motor

bränsle

combustível

bensinstation

posto de gasolina

vägmärke

placa de trânsito

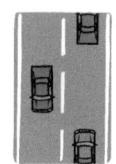

trafik

trânsito

bilkö

trânsito lento

parkeringsplats

estacionamento

tågstation

estação de trem

räls

trilhos

tåg

trem

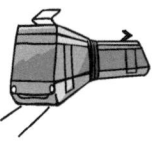

spårvagn

bonde

vagn

vagão

helikopter

helicóptero

flygplats

aeroporto

torn

torre

passagerare

passageiro

container

contêiner

kartong

cartolina

vagn

carroça

korg

cesto

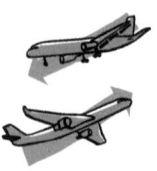

starta / landa

decolar / pousar

stad

cidade

by

vilarejo

centrum

centro da cidade

hus

casa

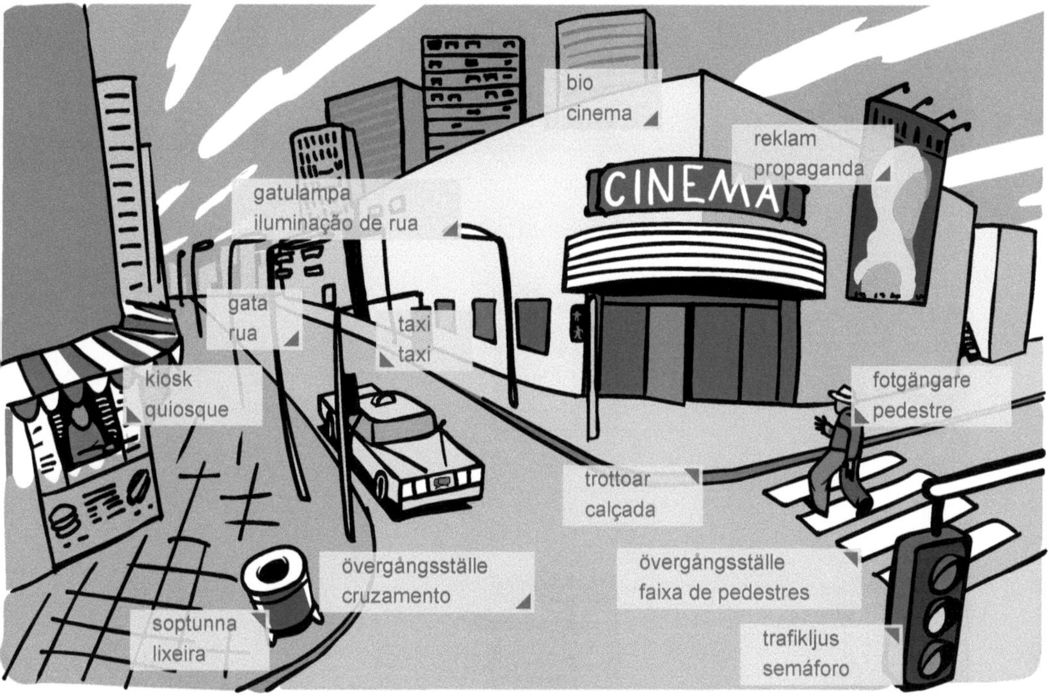

Illustration: city scene with labels

bio
cinema

reklam
propaganda

gatulampa
iluminação de rua

gata
rua

taxi
taxi

kiosk
quiosque

fotgängare
pedestre

trottoar
calçada

övergångsställe
cruzamento

övergångsställe
faixa de pedestres

soptunna
lixeira

trafikljus
semáforo

stuga
cabana

lägenhet
apartamento

tågstation
estação de trem

stadshus
prefeitura

museum
museu

skola
escola

universitet

universidade

bank

banco

sjukhus

hospital

hotell

hotel

apotek

farmácia

kontor

escritório

bokhandel

livraria

affär

loja

blomsterbutik

floricultura

stormarknad

supermercado

marknad

mercado

varuhus

loja de departamentos

fiskhandlare

peixaria

köpcentrum

centro comercial

hamn

porto

park
parque

bänk
banco

brygga
ponte

trappa
escadas

tunnelbana
metrô

tunnel
túnel

busshållplats
ponto de ônibus

bar
bar

restaurang
restaurante

brevlåda
caixa de correspondência

gatuskylt
placa de rua

parkeringsautomat
parquímetro

zoo
zoológico

simbassäng
piscina

moské
mesquita

bondgård
fazenda

förorening
poluição

kyrkogård
cemitério

kyrka
igreja

lekplats
parquinho

tempel
templo

landskap
paisagem

löv
folha

vägskylt
placa de sinalização

väg
caminho

äng
gramado

sten
pedra

träd
árvore

liftare
caminhantes

flod
rio

gräs
grama

blomma
flor

dal
vale

kulle
montanha

sjö
lago

skog
floresta

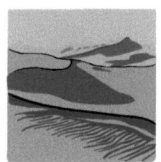

öken
deserto

vulkan
vulcão

slott
castelo

regnbåge
arco-íris

svamp
cogumelo

palm
palmeira

mygga
mosquito

fluga
mosca

myra
formiga

bi
abelha

spindel
aranha

skalbagge

besouro

groda

sapo

ekorre

esquilo

igelkott

ouriço

hare

lebre

uggla

coruja

fågel

pássaro

svan

cisne

vildsvin

javali

rådjur

veado

älg

alce

damm

barragem

vindkraftverk

aerogerador

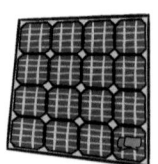

solcellspanel

painel solar

klimat

clima

restaurang

restaurante

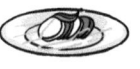

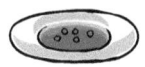

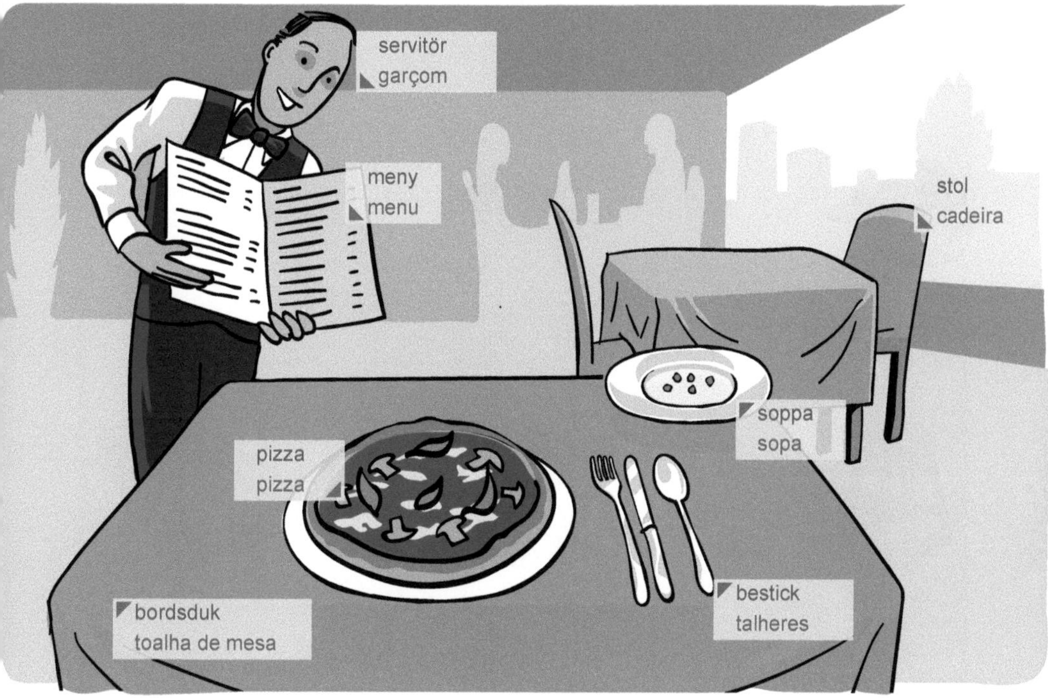
servitör
garçom
meny
menu
stol
cadeira
soppa
sopa
pizza
pizza
bordsduk
toalha de mesa
bestick
talheres

förrätt

entrada

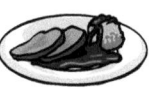

huvudrätt

prato principal

dessert

sobremesa

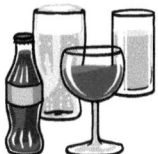

drycker

bebidas

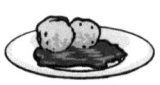

mat

comida

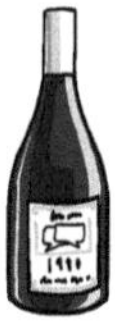

flaska

garrafa

snabbmat

fastfood

street food

comida de rua

tekanna

bule de chá

sockerskål

açucareiro

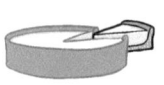

portion

porção

espressomaskin

máquina de expresso

barnstol

cadeirão

räkning

conta

bricka

bandeja

kniv

faca

gaffel

garfo

sked

colher

tesked

colher de chá

servett

guardanapo

glas

copo

tallrik
prato

sopptallrik
prato de sopa

tefat
pires

sås
molho

saltkar
saleiro

pepparkvarn
moedor de pimenta

vinäger
vinagre

olja
óleo

kryddor
especiarias

ketchup
ketchup

senap
mostarda

majonnäs
maionese

stormarknad

supermercado

specialerbjudande
oferta especial
FOR
kund
cliente
mejeriprodukter
laticínios
frukt
frutas
varukorg
carrinho de compras

BUTCHERS

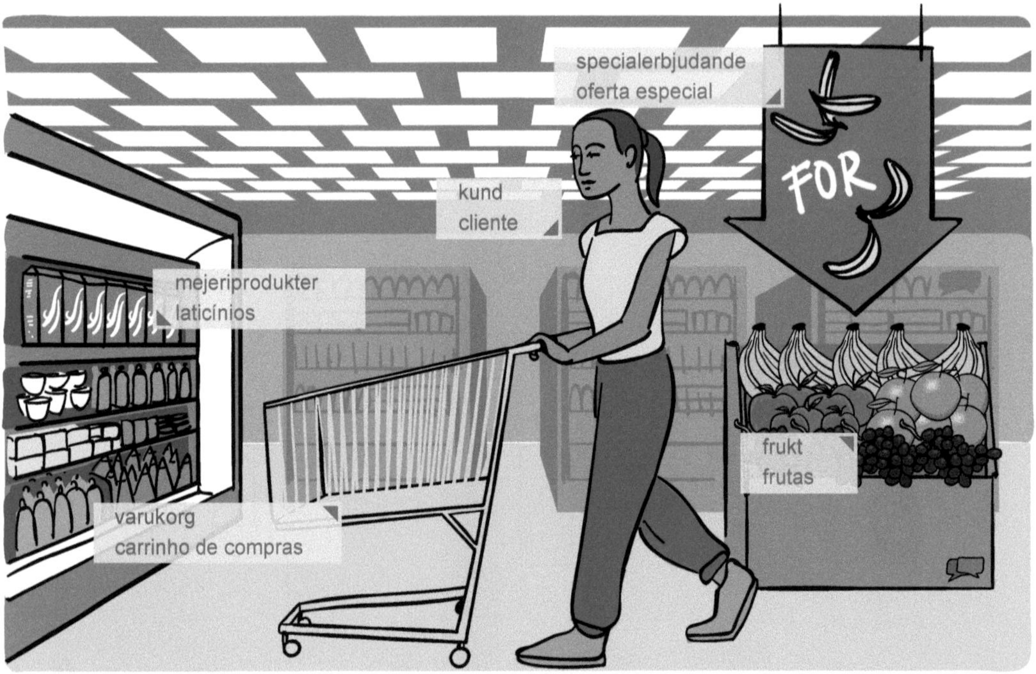

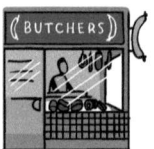

charkuteri

açougue

BAKERY

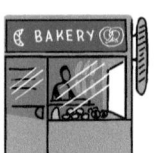

bageri

padaria

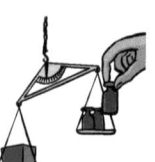

väga

pesar

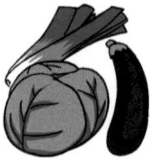

grönsaker

legumes

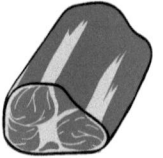

kött

carne

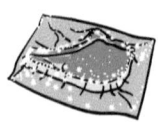

frysta livsmedel

congelados

pålägg

charcutaria

konserver

conservas

tvättmedel

detergente em pó

godis

doces

hushållsprodukter

artigos domésticos

rengöringsmedel

produtos de limpeza

försäljare

vendedora

kassa

caixa

kassör

caixa

inköpslista

lista de compras

öppettider

horário de funcionamento

plånbok

carteira

kreditkort

cartão de crédito

väska

sacola

plastpåse

saco plástico

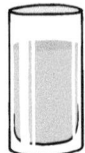

vatten

água

juice

suco

mjölk

leite

cola

coca-cola

vin

vinho

öl

cerveja

alkohol

álcool

kakao

cacau

te

chá

kaffe

café

espresso

expresso

cappuccino

cappuccino

banan

banana

äpple

maçã

apelsin

laranja

melon

melão

citron

limão

morot

cenoura

vitlök

alho

bambu

bambu

lök

cebola

svamp

cogumelo

nötter

nozes

nudlar

macarrão

spaghetti

espaguete

ris

arroz

sallad

salada

pommes frites

batatas fritas

stekt potatis

batatas frias

pizza

pizza

hamburgare

hambúrger

smörgås

sanduíche

schnitzel

escalope

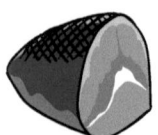

skinka

presunto

salami

salame

korv

salsicha

kyckling

galinha

stek

assado

fisk

peixe

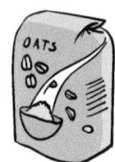

havregryn

flocos de aveia

müsli

granola

cornflakes

flocos de milho

mjöl

farinha

croissant

croissant

fralla

pãozinho

bröd

pão

rostat bröd

torrada

kex

biscoitos

smör

manteiga

kvarg

requeijão

kaka

bolo

ägg

ovo

stekt ägg

ovo frito

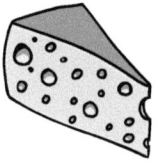

ost

queijo

glass

sorvete

socker

açúcar

honung

mel

sylt

geleia

nougatkräm

creme de avelãs

curry

curry

bondgård
fazenda

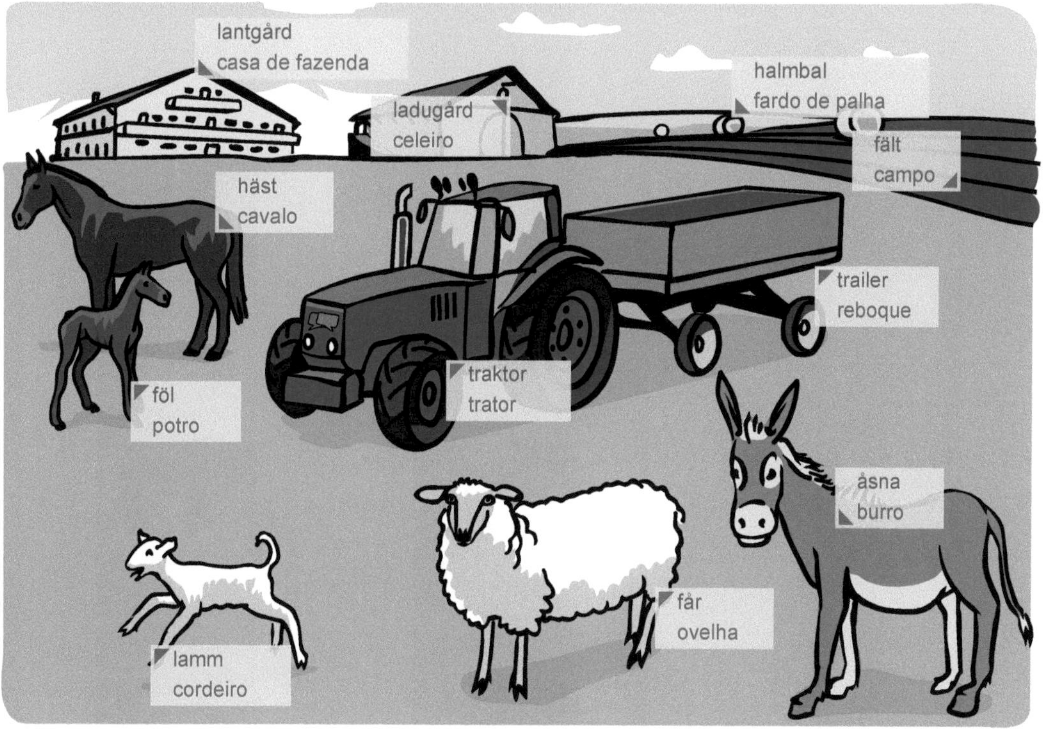

lantgård
casa de fazenda
ladugård
celeiro
halmbal
fardo de palha
fält
campo
häst
cavalo
trailer
reboque
föl
potro
traktor
trator
åsna
burro
får
ovelha
lamm
cordeiro

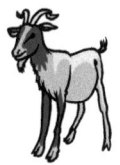

get

cabra

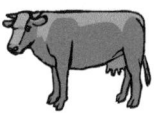

ko

vaca

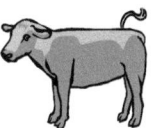

kalv

bezerro

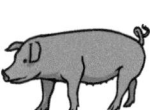

gris

porco

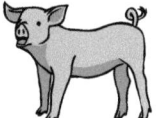

griskulting

leitão

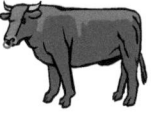

tjur

touro

gås

ganso

anka

pato

kyckling

pintinho

höna

galinha

tupp

galo

råtta

ratazana

katt

gato

mus

camundongo

oxe

boi

hund

cachorro

hundkoja

casinha do cachorro

trädgårdsslang

mangueira de jardim

vattenkanna

regador

lie

foice

plog

arado

skära

foice

hacka

enxada

högaffel

forquilha

yxa

machado

skottkärra

carrinho de mão

tråg

manjedoura

mjölkflaska

jarra de leite

säck

saco

staket

cerca

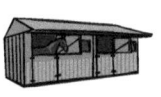

stall

estábulo

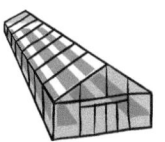

växthus

estufa

jord

solo

säd

semente

gödsel

fertilizante

skördetröska

colheitadeira

skörda

colher

skörd

colheita

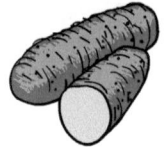

jams

inhame

vete

trigo

soja

soja

potatis

batata

majs

milho

raps

colza

fruktträd

árvore frutífera

maniok

mandioca

spannmål

cereais

hus

casa

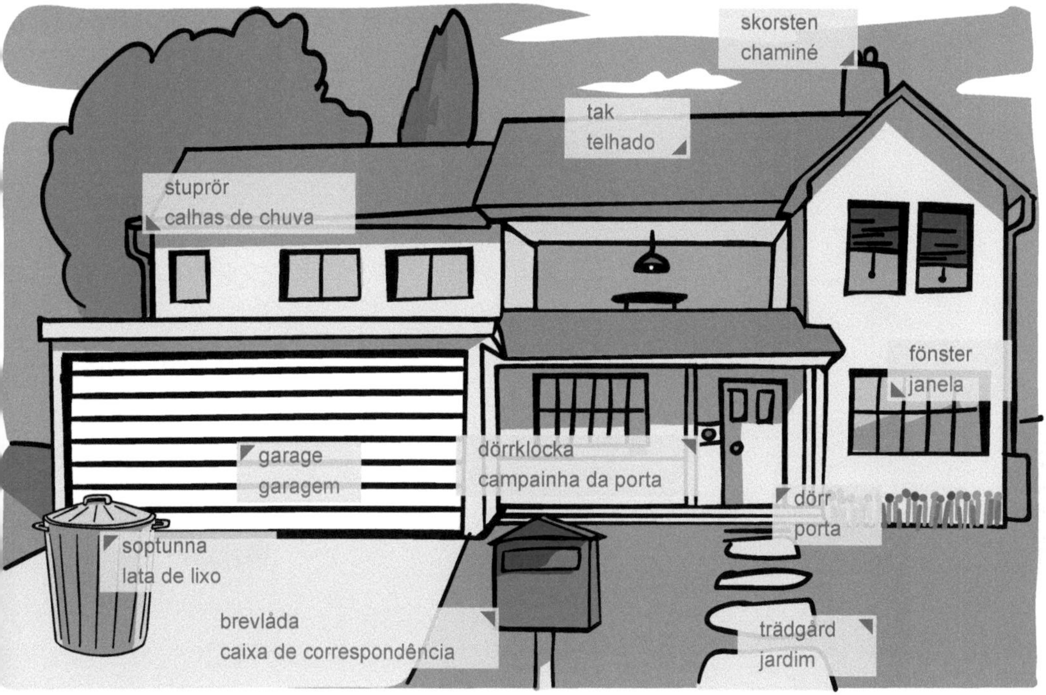
skorsten
chaminé
tak
telhado
stupрör
calhas de chuva
fönster
janela
garage
garagem
dörrklocka
campainha da porta
dörr
porta
soptunna
lata de lixo
brevlåda
caixa de correspondência
trädgård
jardim

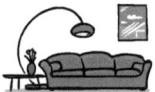

vardagsrum

sala de estar

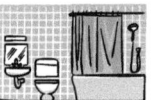

badrum

banheiro

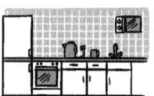

kök

cozinha

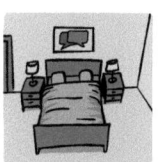

sovrum

quarto de dormir

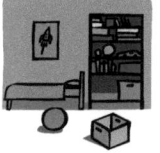

barnrum

quarto de criança

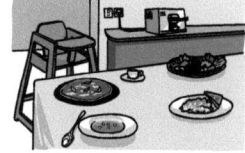

matsal

sala de jantar

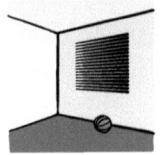

golv

chão

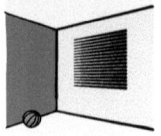

vägg

parede

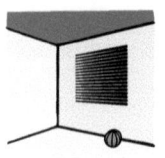

tak

teto

källare

porão

bastu

sauna

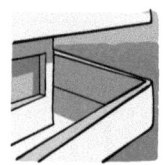

balkong

varanda

terrass

terraço

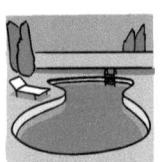

bassäng

piscina

gräsklippare

cortador de grama

lakan

lençol

överkast

coberta

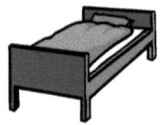

säng

cama

kvast

vassoura

hink

balde

strömbrytare

interruptor

vardagsrum
sala de estar

tapet
papel de parede
bild
quadro
lampa
lâmpada
hylla
prateleira
skåp
armário
TV
televisão
eldstad
lareira
blomma
flor
kudde
travesseiro
soffa
sofá
vas
vaso
fjärrkontroll
controle remoto

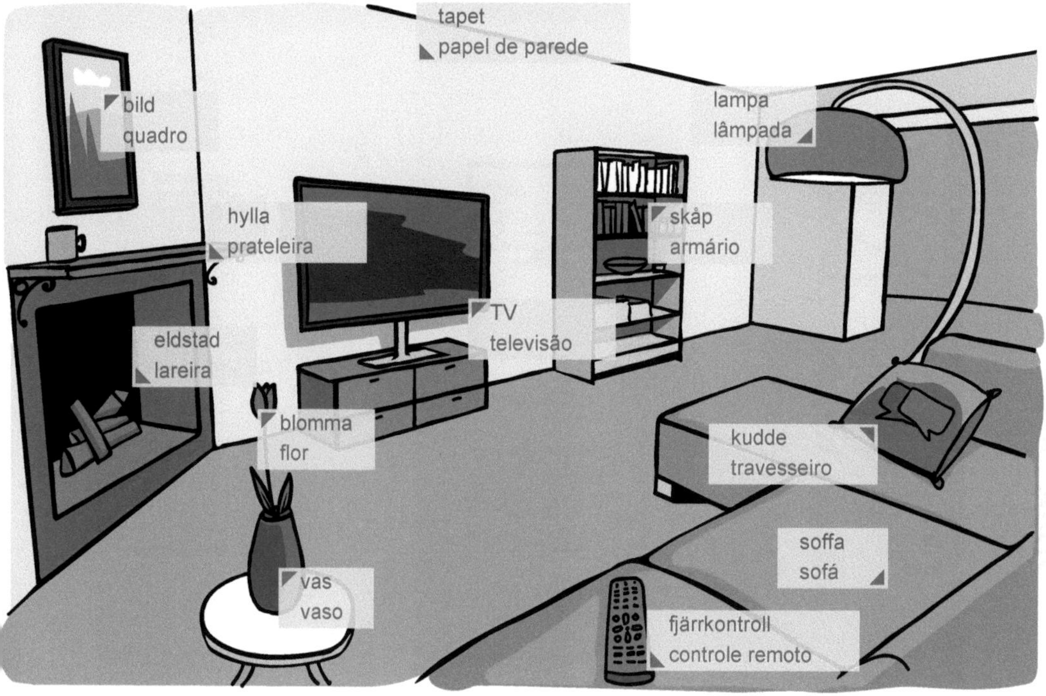

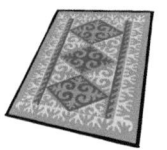

matta
tapete

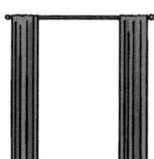

gardin
cortina

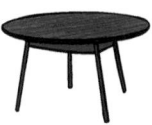

bord
mesa

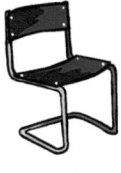

stol
cadeira

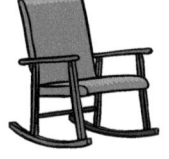

gungstol
cadeira de balanço

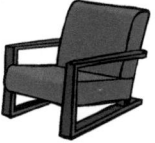

fåtölj
poltrona

bok

livro

filt

cobertor

dekoration

decoração

vedträ

lenha

film

filme

stereoanläggning

equipamento de som

nyckel

chave

dagstidning

jornal

målning

pintura

poster

pôster

radio

rádio

anteckningsbok

bloco de notas

dammsugare

aspirador

kaktus

cacto

stearinljus

vela

kök
cozinha

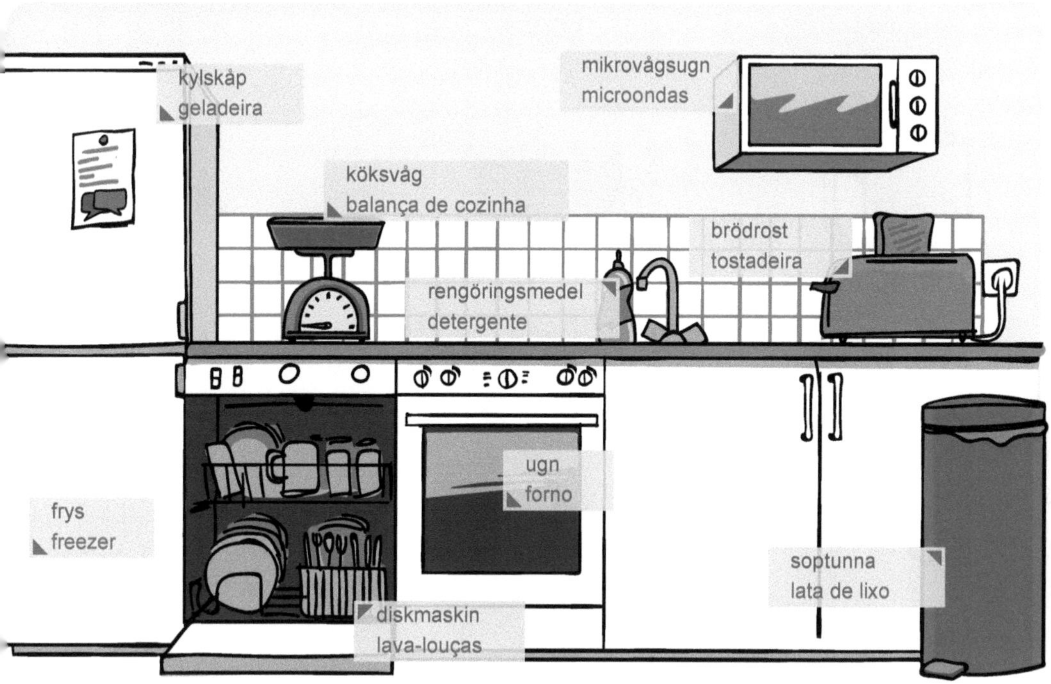
kylskåp
geladeira
mikrovågsugn
microondas
köksvåg
balança de cozinha
brödrost
tostadeira
rengöringsmedel
detergente
ugn
forno
frys
freezer
soptunna
lata de lixo
diskmaskin
lava-louças

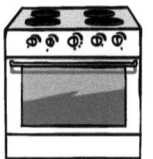

spis
fogão

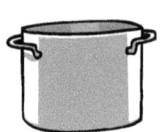

kastrull
panela

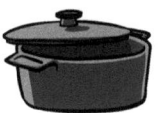

järngryta
panela de ferro

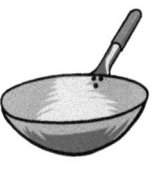

wok / kadai
wok / kadai

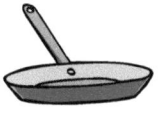

stekpanna
frigideira

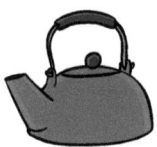

vattenkokare
chaleira

ångkokare

panela a vapor

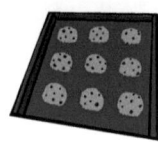

bakplåt

tabuleiro de forno

porslin

louça

mugg

caneca

skål

caçarola

ätpinnar

hashi

soppslev

concha de sopa

stekspade

espátula

visp

batedor

durkslag

escorredor

sil

peneira

rivjärn

ralador

mortel

almofariz

grill

churrasqueira

brasa

lareira

kök - cozinha

skärbräda

tábua de cortar

kavel

rolo da massa

korkskruv

saca-rolhas

burk

lata

burköppnare

abridor de latas

grytlapp

pegador de panela

vask

pia

borste

escova

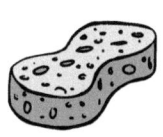

svamp

esponja

mixer

liquidificador

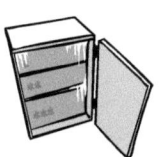

frys

congelador

nappflaska

mamadeira

kran

torneira

badrum
banheiro

värme
aquecimento
dusch
ducha
handduk
toalha
duschdraperi
cortina de chuveiro
bubbelbad
banho de espuma
badkar
banheira
glas
copo
tvättmaskin
lava-roupa
kran
torneira
kakel
azulejos
potta
penico
vask
pia

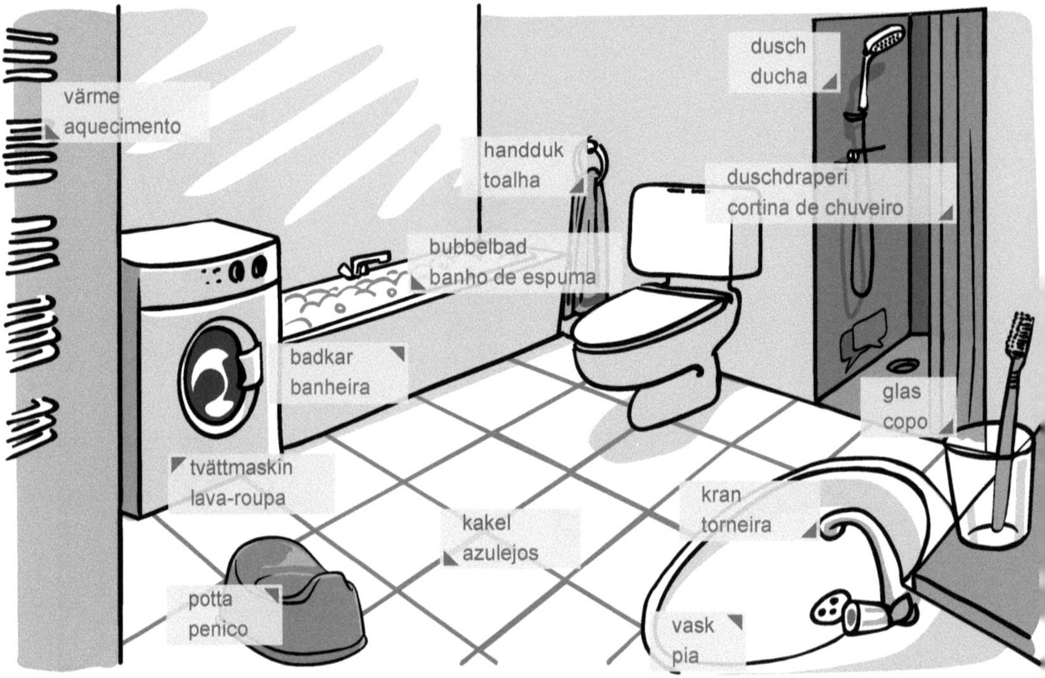

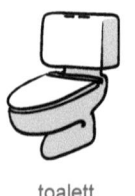

toalett
vaso sanitário

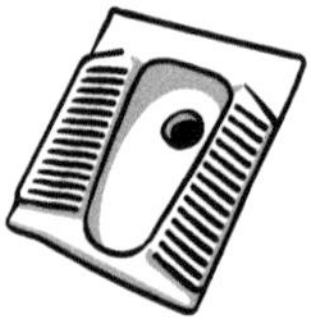

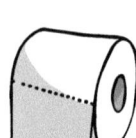

låg toalett
lavabo de agachar

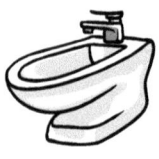

bidet
bidê

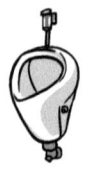

pissoar
mictório

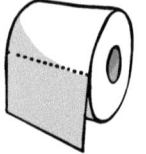

toalettpapper
papel higiênico

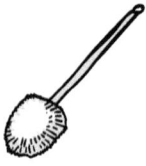

toalettborste
escova de privada

tandborste

escova de dentes

tandkräm

pasta de dentes

tandtråd

fio dental

tvätta

lavar

handdusch

ducha de mão

intimdusch

ducha íntima

handfat

bacia

ryggborste

escova para as costas

tvål

sabonete

duschgel

gel de banho

schampo

xampu

trasa

toalha de rosto

avlopp

escoamento

crème

creme

deodorant

desodorante

spegel

espelho

handspegel

espelho de mão

rakhyvel

barbeador

raklödder

espuma de barbear

rakvatten

loção pós-barba

kam

pente

borste

escova

hårtork

secador de cabelo

hårspray

spray de cabelo

smink

maquiagem

läppstift

batom

nagellack

esmalte de unhas

bomullsvadd

algodão

nagelsax

tesoura para unhas

parfym

perfume

necessär
....
nécessaire

pall
....
banquinho

våg
....
balança

badrock
....
roupão de banho

gummihandskar
....
luvas de borracha

tampong
....
absorvente interno

binda
....
absorvente íntimo

kemisk toalett
....
banheiro químico

barnrum
quarto de criança

väckarklocka
despertador
gosedjur
boneco de pelúcia
leksaksbil
carrinho de brinquedo
skallra
chacoalho
dockhus
casa de bonecas
present
presente

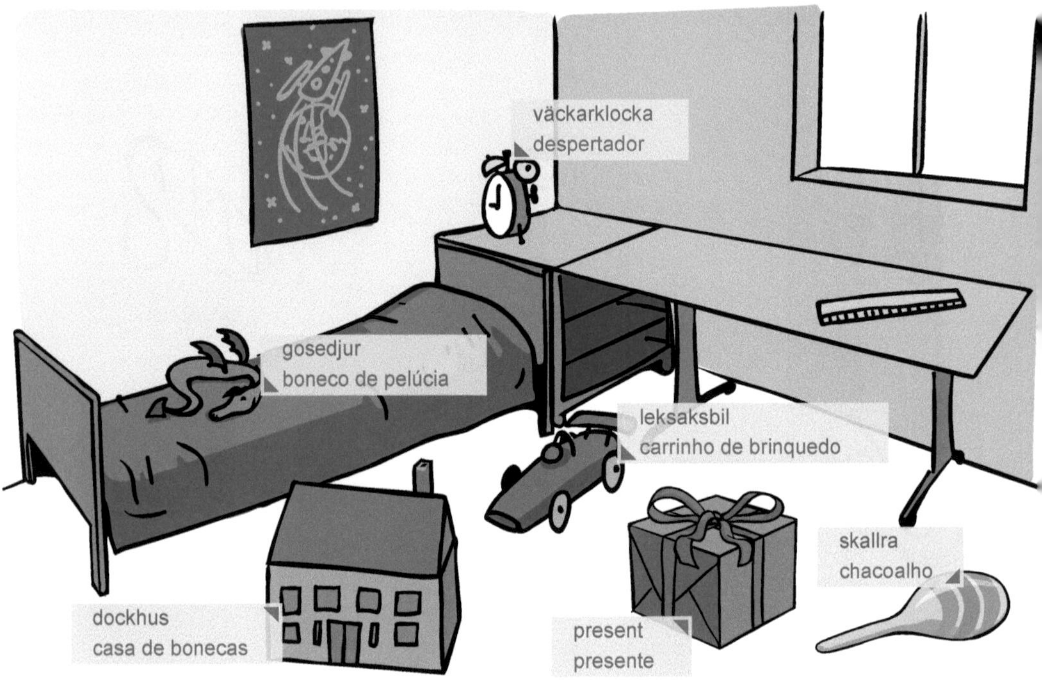

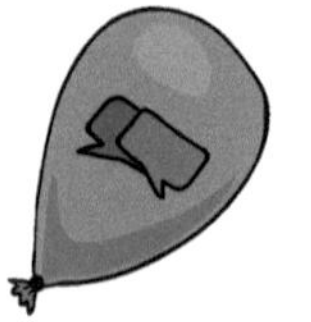

ballong
balão

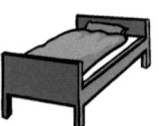

säng
cama

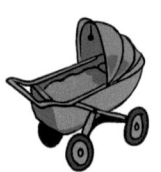

barnvagn
carrinho de bebê

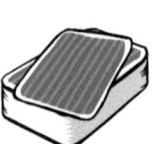

kortlek
jogo de cartas

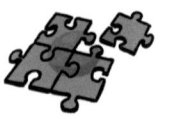

pussel
quebra-cabeças

serietidning
revista de quadrinhos

legobitar

peças de Lego

klossar

blocos de construção

actionfigur

figura de ação

sparkdräkt

macaquinho de bebê

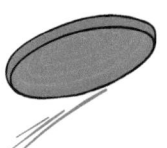

frisbee

frisbee

mobil

móbile para bebé

brädspel

jogo de tabuleiro

tärning

dados

modelljärnväg

trenzinho elétrico

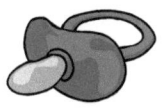

napp

chupeta

party

festa

bilderbok

livro ilustrado

boll

bola

docka

boneca

spela

brincar

sandlåda

caixa de areia

gunga

balanço

leksaker

brinquedos

spelkonsol

videogame

trehjuling

triciclo

nalle

ursinho de pelúcia

garderob

guarda-roupa

kläder

vestuário

sockar

meias

strumpor

meias pelo joelho

tights

meias-calças

halsduk
cachecol

paraply
guarda-chuva

t-shirt
camiseta

bälte
cinto

stövlar
botas

tofflor
chinelos

sneakers
tênis

sandaler
sandálias

skor
sapatos

gummistövlar
botas de borracha

underbyxor
roupa de baixo

BH
sutiã

linne
camiseta de baixo

body
body

byxor
calças

jeans
jeans

kjol
saia

blus
blusa

skjorta
camisa

pullover
pulôver

sweater
suéter com capuz

blazer
blazer

jacka
jaqueta

kappa
casaco

regnjacka
gabardine

dräkt
traje

klänning
vestido

bröllopsklänning
vestido de casamento

kostym

terno

nattlinne

camisola

pyjamas

pijama

sari

sari

slöja

lenço de cabeça

turban

turbante

burka

burca

kaftan

cafetã

abaya

abaya

baddräkt

maiô

badbyxor

sunga

shorts

shorts

träningsoverall

roupa de treino

förkläde

avental

handskar

luvas

knapp

botão

glasögon

óculos

armband

pulseira

halsband

colar

ring

anel

örhänge

brinco

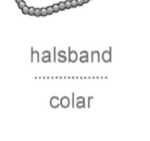

mössa

boné

galge

cabide

hatt

chapéu

slips

gravata

dragkedja

zíper

hjälm

capacete

hängslen

suspensórios

skoluniform

uniforme escolar

uniform

uniforme

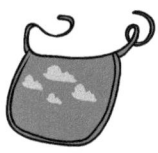

haklapp

babador

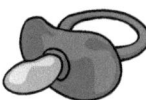

napp

chupeta

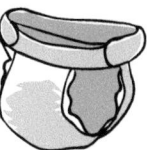

blöja

fralda

kontor
escritório

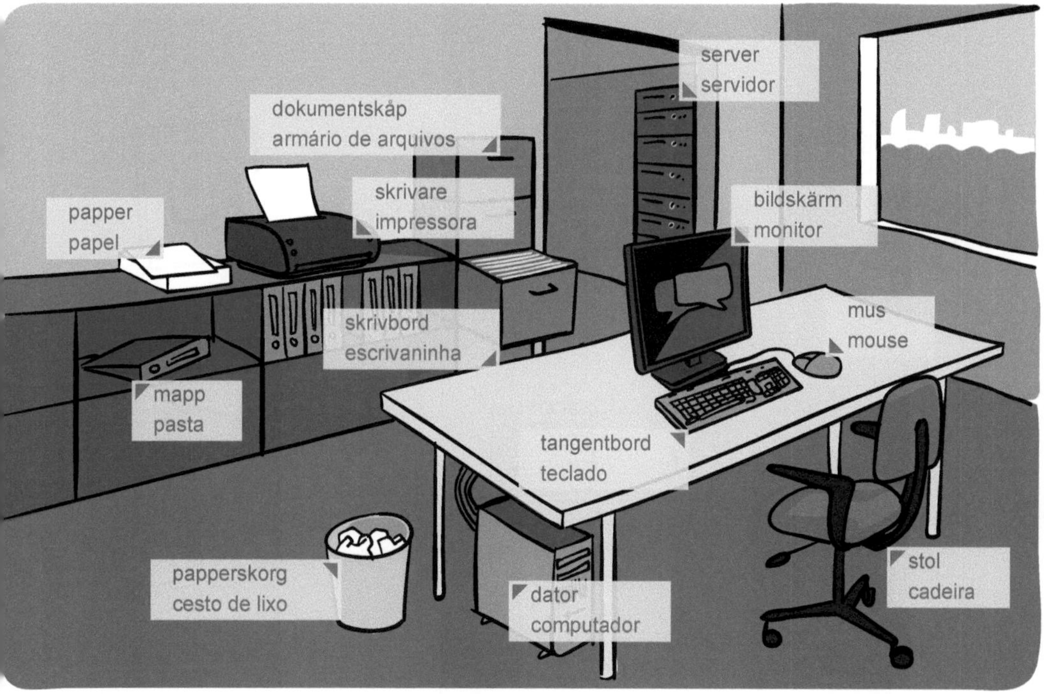

server
servidor
dokumentskåp
armário de arquivos
skrivare
impressora
papper
papel
bildskärm
monitor
skrivbord
escrivaninha
mus
mouse
mapp
pasta
tangentbord
teclado
papperskorg
cesto de lixo
dator
computador
stol
cadeira

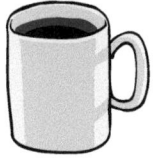

kaffemugg

xícara de café

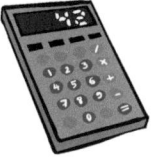

miniräknare

calculadora

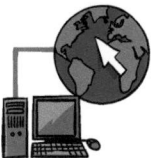

internet

internet

bärbar dator

laptop

brev

carta

meddelande

mensagem

mobiltelefon

celular

nätverk

rede

kopieringsapparat

copiadora

programvara

software

telefon

telefone

vägguttag

tomada

fax

fax

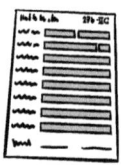

blankett

formulário

dokument

documento

köpa

comprar

betala

pagar

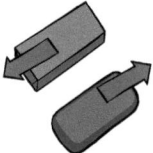

handla

negociar

pengar

dinheiro

dollar

Dólar

euro

Euro

yen

Yen

rubel

rublo

schweizisk franc

franco suíço

renminbi yan

renminbi yuan

rupie

rupia

bankomat

caixa eletrônico

växelkontor

casa de câmbio

guld

ouro

silver

prata

olja

petróleo

energi

energia

pris

preço

kontrakt

contrato

skatt

imposto

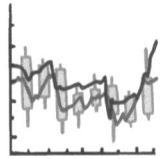

aktie

ação

arbeta

trabalhar

anställd

empregado

arbetsgivare

empregador

fabrik

fábrica

affär

loja

yrken
profissões

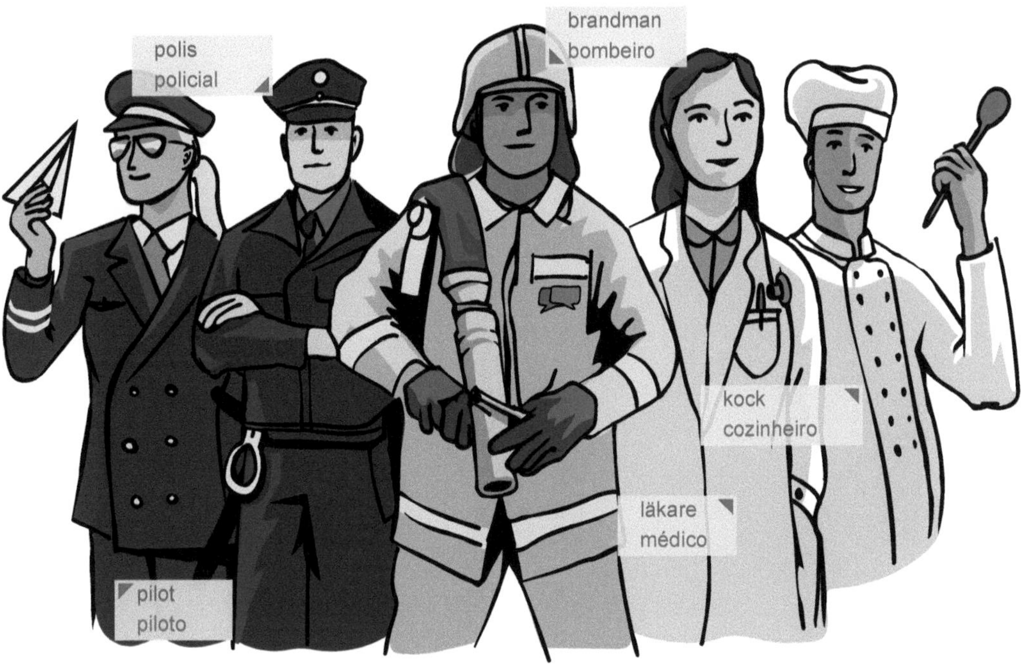
polis
policial
brandman
bombeiro
kock
cozinheiro
läkare
médico
pilot
piloto

trädgårdsmästare

jardineiro

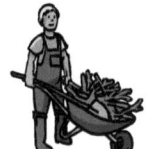

snickare

marceneiro

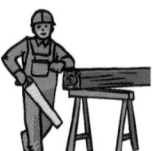

sömmerska

costureira

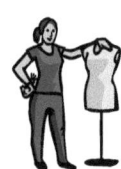

domare

juiz

kemist

químico

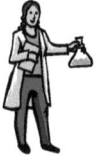

skådespelare

ator

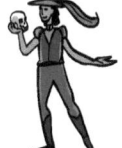

busschaufför

motorista de ônibus

taxichaufför

motorista de táxi

fiskare

pescador

städerska

faxineira

takläggare

telhador

servitör

garçom

jägare

caçador

målare

pintor

bagare

padeiro

elektriker

eletricista

byggarbetare

construtor

ingenjör

engenheiro

slaktare

açougueiro

rörmokare

encanador

brevbärare

carteiro

soldat

soldado

arkitekt

arquiteto

kassör

caixa

florist

florista

frisör

cabelereiro

konduktör

condutor

mekaniker

mecânico

kapten

capitão

tandläkare

dentista

vetenskapsman

cientista

rabbin

rabino

imam

imam

munk

monge

präst

pastor

verktyg
ferramentas

tång
alicate
hammare
martelo
skruvmejsel
chave de fenda
ficklampa
lanterna
skiftnyckel
chave inglesa

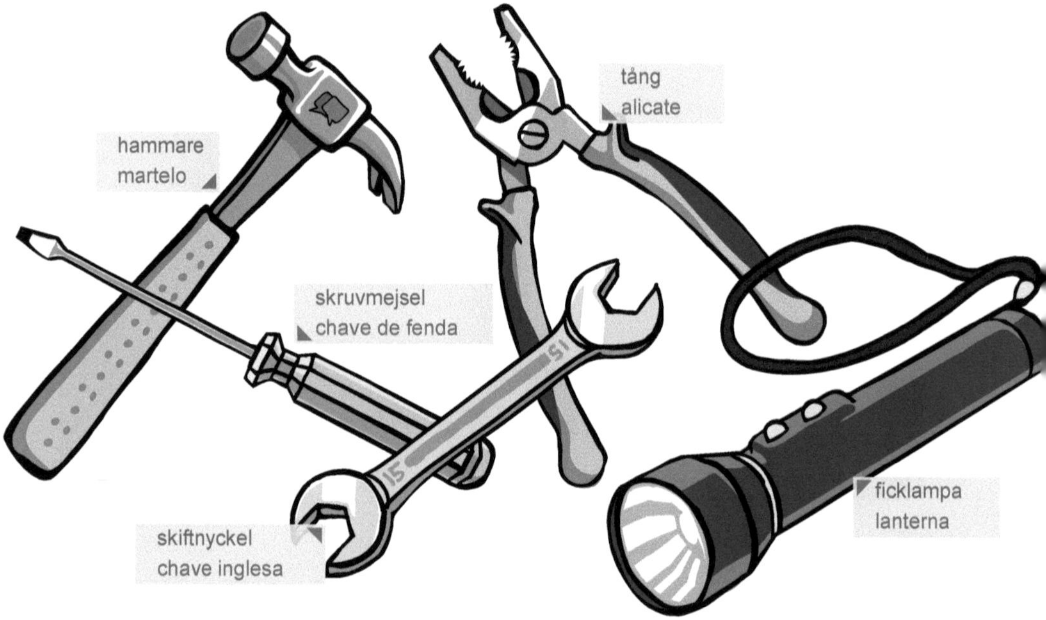

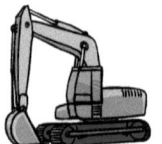

grävmaskin

escavadora

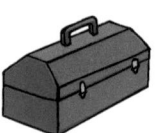

verktygslåda

caixa de ferramentas

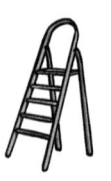

stege

escada de mão

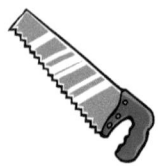

såg

serra

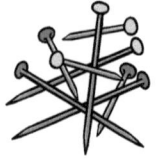

spik

pregos

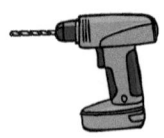

borr

furadeira

reparera

consertar

spade

pá

Helvete!

Droga!

sopskyffel

pá de lixo

färgburk

pote de tinta

skruvar

parafusos

musikinstrument
instrumentos musicais

högtalare
alto-falante

trummor
bateria

kontrabas
contrabaixo

gitarr
guitarra

trumpet
trompete

piano
piano

violin
violino

bas
baixo

timpani
timbales

trumma
tambor

keyboard
teclado

saxofon
saxofone

flöjt
flauta

mikrofon
microfone

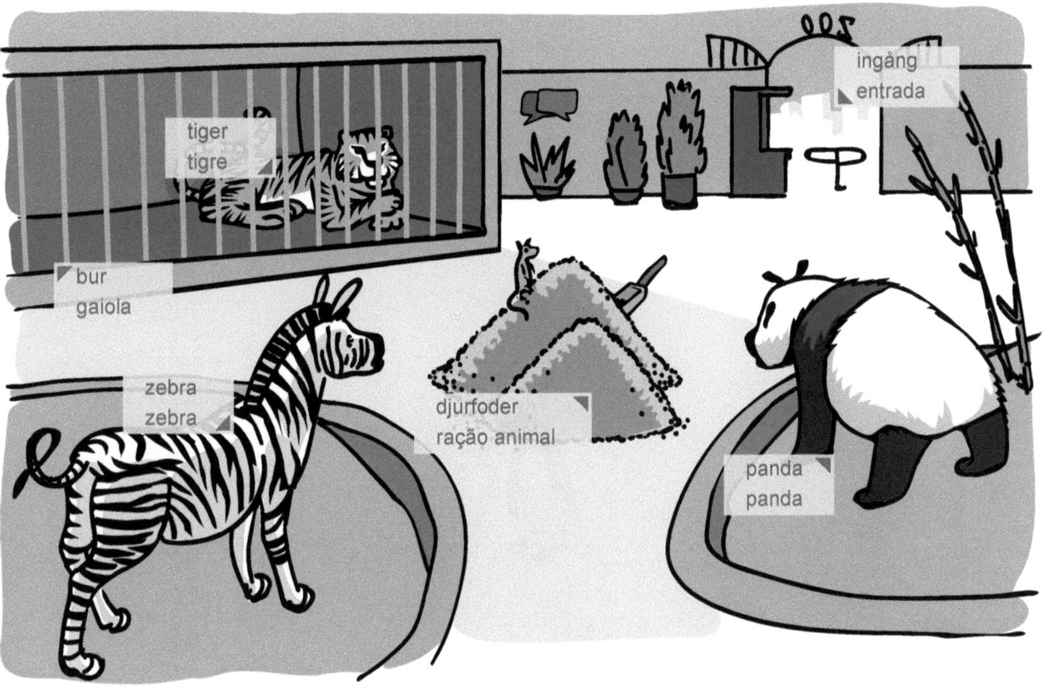

ingång
entrada

tiger
tigre

bur
gaiola

zebra
zebra

djurfoder
ração animal

panda
panda

djur
animais

elefant
elefante

känguru
canguru

noshörning
rinoceronte

gorilla
gorila

björn
urso

kamel

camelo

struts

avestruz

lejon

leão

apa

macaco

flamingo

flamingo

papegoja

papagaio

isbjörn

urso polar

pingvin

pinguim

haj

tubarão

påfågel

pavão

orm

cobra

krokodil

crocodilo

djurskötare

guarda do zoológico

säl

foca

jaguar

jaguar

zoo - zoológico

ponny

pônei

leopard

leopardo

flodhäst

hipopótamo

giraff

girafa

örn

águia

vildsvin

javali

fisk

peixe

sköldpadda

tartaruga

valross

morsa

räv

raposa

gazell

gazela

zoo - zoológico

amerikansk fotboll
futebol americano

cykling
ciclismo

tennis
tênis

basket
basquete

simning
natação

boxning
boxe

ishockey
hóquei no gelo

fotboll
futebol

badminton
badminton

friidrott
atletismo

handboll
handebol

skidåkning
esqui

polo
polo

hoppa
pular

skratta
rir

krama
abraçar

sjunga
cantar

gå
andar

be
rezar

kyssa
beijar

drömma
sonhar

skriva
escrever

rita
desenhar

visa
mostrar

skjuta
empurrar

ge
dar

ta
tomar

hagel

ter

göra

fazer

vara

ser

stå

ficar de pé

springa

correr

dra

puxar

kasta

jogar

falla

cair

ligga

deitar

vänta

esperar

bära

carregar

sitta

sentar

klä på

vestir

sova

dormir

vakna

despertar

se på

olhar para

gråta

chorar

smeka

acariciar

kamma

pentear

prata

falar

förstå

entender

fråga

perguntar

höra

ouvir

dricka

beber

äta

comer

städa

arrumar

älska

amar

laga mat

cozinhar

köra

dirigir

flyga

voar

segla
velejar

räkna
calcular

läsa
ler

lära sig
aprender

arbeta
trabalhar

gifta sig
casar

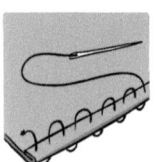

sy
costurar

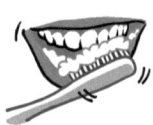

borsta tänderna
escovar os dentes

döda
matar

röka
fumar

skicka
enviar

aktiviteter - atividades

mormor/farmor
avó

morfar/farfar
avô

pappa
pai

mamma
mãe

baby
bebê

dotter
filha

son
filho

gäst

convidado

moster/faster

tia

farbror/morbror

tio

bror

irmão

syster

irmã

kropp
corpo

panna
testa
öga
olho
skuldra
ombro
finger
dedo
ansikte
rosto
haka
queixo
hand
mão
ben
perna
bröst
peito
arm
braço

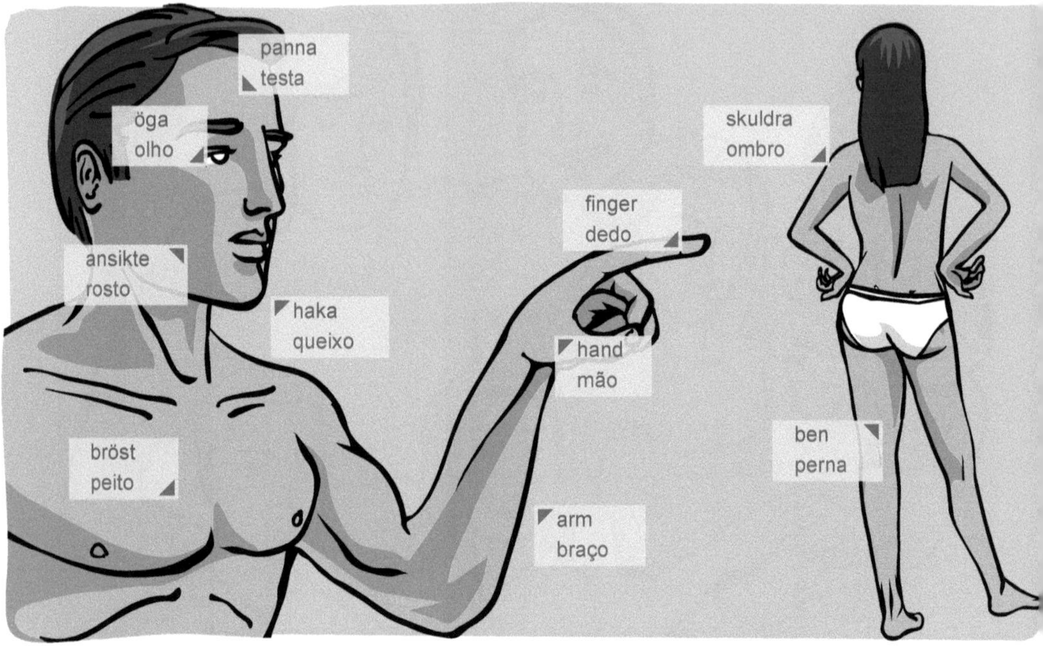

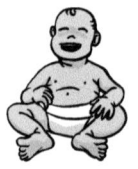

baby
bebê

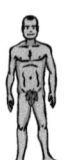

man
homem

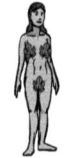

kvinna
mulher

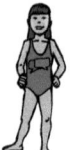

flicka
menina

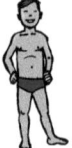

pojke
menino

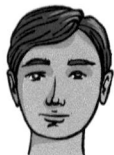

huvud
cabeça

rygg
costas

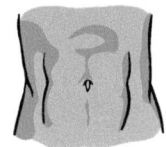

mage
barriga

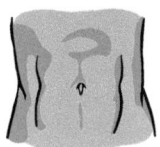

navel
umbigo

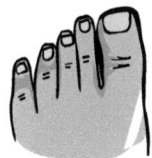

tå
dedo do pé

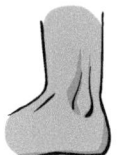

häl
calcanhar

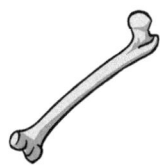

ben
osso

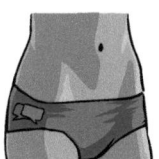

höft
anca

knä
joelho

armbåge
cotovelo

näsa
nariz

stjärt
nádegas

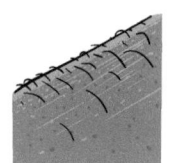

hud
pele

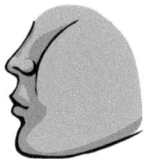

kind
bochecha

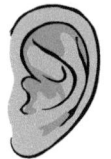

öra
orelha

läpp
lábio

kropp - corpo

mun
boca

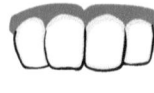

tand
dente

tunga
língua

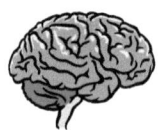

hjärna
cérebro

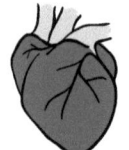

hjärta
coração

muskel
músculo

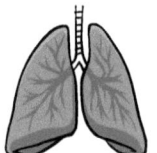

lunga
pulmão

lever
fígado

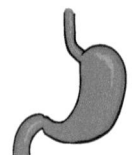

magsäck
estômago

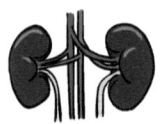

njurar
rins

sex
relações sexuais

kondom
preservativo

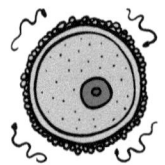

äggcell
óvulo

sperma
esperma

graviditet
gravidez

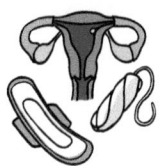

menstruation
menstruação

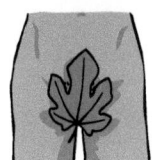

vagina
vagina

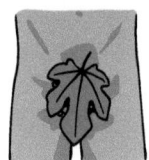

penis
pênis

ögonbryn
sobrancelha

hår
cabelo

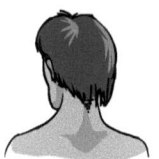

nacke
pescoço

sjukhus
hospital

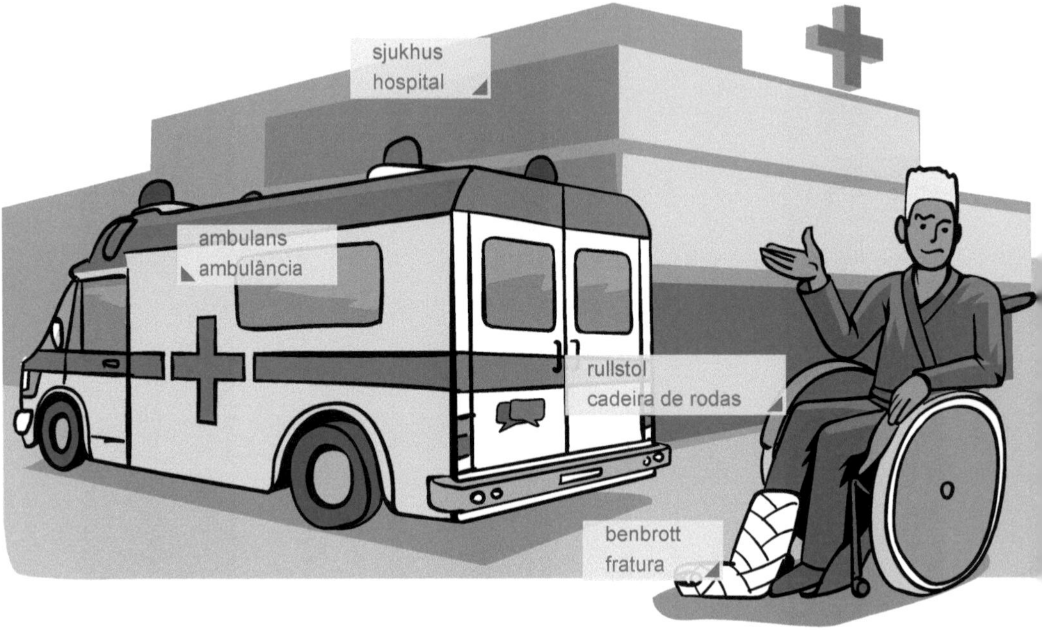

sjukhus
hospital
ambulans
ambulância
rullstol
cadeira de rodas
benbrott
fratura

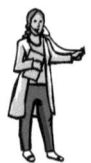

läkare

médico

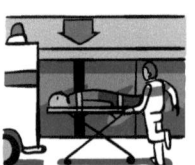

akutmottagning

pronto-socorro

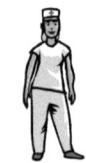

sjuksköterska

enfermeira

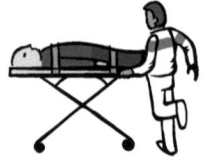

nödsituation

emergência

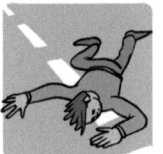

medvetslös

inconsciente

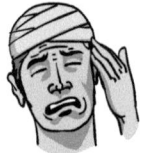

smärta

dor

skada

ferimento

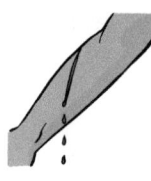

blödning

hemorragia

hjärtattack

ataque cardíaco

slaganfall

acidente vacular cerebral

allergi

alergia

hosta

tosse

feber

febre

influensa

gripe

diarré

diarreia

huvudvärk

dor de cabeça

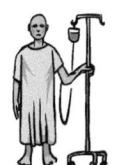

cancer

câncer

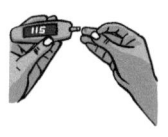

diabetes

diabetes

kirurg

cirurgião

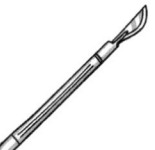

skalpell

bisturi

operation

operação

CT
CT

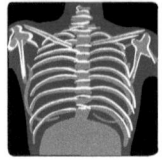

röntgen
raio x

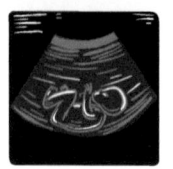

ultraljud
ultrassom

ansiktsmask
máscara

sjukdom
doença

väntsal
sala de espera

krycka
muleta

plåster
bandeide

bandage
ligadura

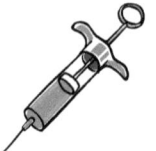

injektion
injeção

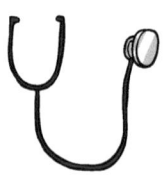

stetoskop
estetoscópio

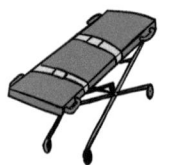

bår
maca

termometer
termômetro

födsel
nascimento

övervikt
excesso de peso

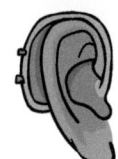

hörapparat

aparelho auditivo

desinfektionsmedel

desinfetante

infektion

infecção

virus

vírus

HIV / AIDS

HIV / AIDS

medicin

medicamento

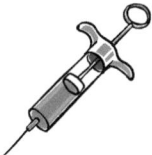

vaccination

vacinação

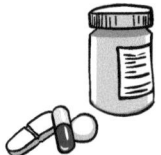

tabletter

comprimidos

p-piller

pílula

nödsamtal

chamada de emergência

blodtrycksmätare

dispositivo de medição de
pressão arterial

sjuk / frisk

doente / saudável

Hjälp!

Socorro!

alarm

alarme

överfall

assalto

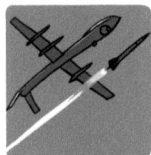

misshandel

ataque

fara

perigo

nödutgång

saída de emergência

Det brinner!

Fogo!

brandsläckare

extintor de incêndios

olycka

acidente

förbandslåda

maleta de primeiros socorros

SOS

SOS

polis

polícia

Europa

Europa

Nordamerika

América do Norte

Sydamerika

América do Sul

Afrika

África

Asien

Ásia

Australien

Austrália

Atlanten

Atlântico

Stilla Havet

Pacífico

Indiska Oceanen

Oceano Índico

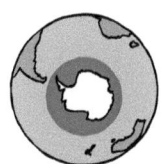

Antarktiska Oceanen

Oceano Antártico

Arktiska Oceanen

Oceano Ártico

Nordpol

Polo Norte

Sydpol

Polo Sul

Antarktis

Antártica

Jorden

Terra

land

terra

hav

mar

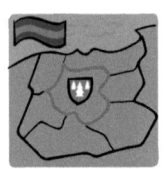

ö

ilha

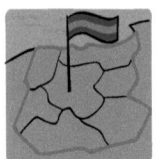

nation

nação

stat

estado

urtavla

mostrador do relógio

timvisare

ponteiro das horas

minutvisare

ponteiro dos minutos

sekundvisare

ponteiro dos segundos

Vad är klockan?

Que horas são?

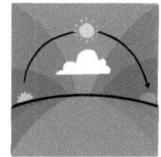

dag

dia

tid

tempo

nu

agora

digital klocka

relógio digital

minut

minuto

timme

hora

vecka
semana

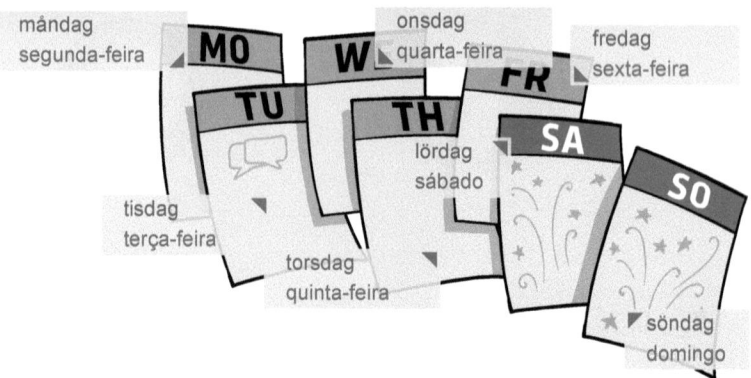

mándag — segunda-feira
tisdag — terça-feira
onsdag — quarta-feira
torsdag — quinta-feira
fredag — sexta-feira
lördag — sábado
söndag — domingo

igår
ontem

idag
hoje

imorgon
amanhã

morgon
manhã

middag
meio-dia

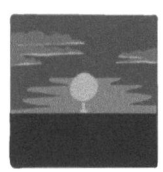

kväll
entardecer

vardagar
dias úteis

helg
fim de semana

år

ano

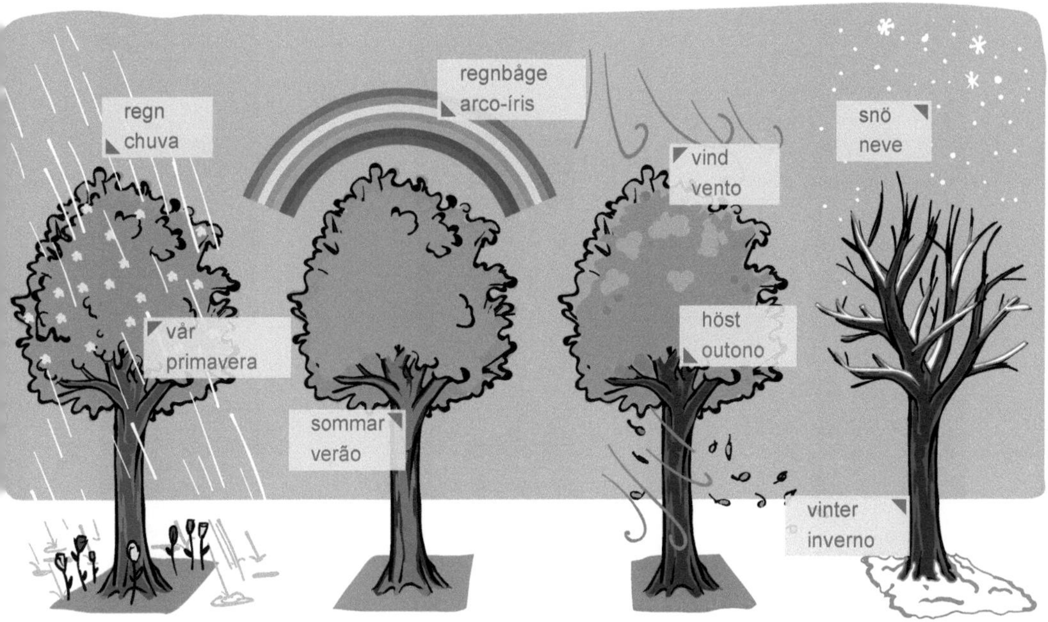
regn
chuva
regnbåge
arco-íris
vind
vento
snö
neve
vår
primavera
sommar
verão
höst
outono
vinter
inverno

4.APRIL 11°
5.APRIL 4°
6.APRIL 13°
7.APRIL 8°
8.APRIL 10°

väderprognos

previsão do tempo

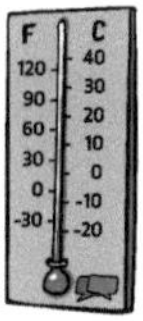
F
C
120
90
60
30
0
-30
40
30
20
10
0
-10
-20

termometer

termômetro

solsken

raio de sol

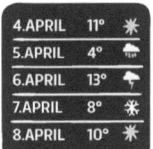

moln

nuvem

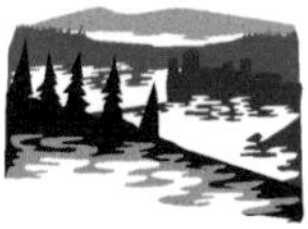

dimma

neblina / nevoeiro

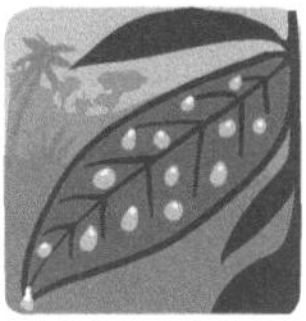

luftfuktighet

umidade do ar

blixt

relâmpago

åska

trovão

storm

tempestade

hagel

granizo

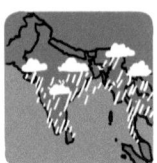

monsun

monção

översvämning

inundação

is

gelo

januari

janeiro

februari

fevereiro

mars

março

april

abril

maj

maio

juni

junho

juli

julho

augusti

agosto

år - ano

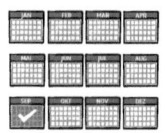

september
....
setembro

oktober
....
outubro

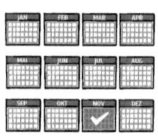

november
....
novembro

december
....
dezembro

cirkel
....
círculo

kvadrat
....
quadrado

rektangel
....
retângulo

triangel
....
triângulo

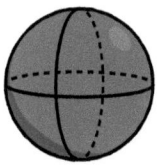

sfär
....
esfera

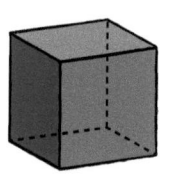

kub
....
cubo

vit
branco

gul
amarelo

orange
laranja

rosa
rosa

röd
vermelho

lila
lilás

blå
azul

grön
verde

brun
marrom

grå
cinza

svart
preto

mycket / lite

muito / pouco

arg / lugn

furioso / tranquilo

vacker / ful

lindo / feio

början / slut

começo / fim

stor / liten

grande / pequeno

ljus / mörk

claro / escuro

bror / syster

irmão / irmã

ren / smutsig

limpo / sujo

komplett / ofullständig

completo / incompleto

dag / natt

dia / noite

död / levande

morto / vivo

bred / smal

largo / estreito

ätlig / oätlig

comestível / não comestível

ond / god

mau / gentil

upphetsad / uttråkad

entusiasmado / entediado

tjock / smal

gordo / magro

först / sist

primeiro / último

vän / fiende

amigo / inimigo

full / tom

cheio / vazio

hård / mjuk

duro / macio

tung / lätt

pesado / leve

hunger / törst

fome / sede

sjuk / frisk

doente / saudável

olaglig / laglig

ilegal / legal

intelligent / dum

inteligente / idiota

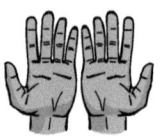

vänster / höger

esquerda / direita

nära / långt bort

perto / longe

ny / begagnad

novo / usado

inget / något

nada / alguma coisa

gammal / ung

velho / jovem

på / av

ligado / desligado

öppen / stängd

aberto / fechado

tyst / högljudd

baixo / alto

rik / fattig

rico / pobre

rätt / fel

certo / errado

grov / slät

áspero / liso

ledsen / glad

triste / feliz

kort / lång

curto / longo

långsam / snabb

lento / rápido

våt / torr

molhado / seco

varm / sval

ameno / fresco

krig / fred

guerra / paz

0	**1**	**2**
noll	ett	två
zero	um	dois

3	**4**	**5**
tre	fyra	fem
três	quatro	cinco

6	**7**	**8**
sex	sju	åtta
seis	sete	oito

9	**10**	**11**
nio	tio	elva
nove	dez	onze

12

tolv
doze

13

tretton
treze

14

fjorton
quatorze

15

femton
quinze

16

sexton
dezesseis

17

sjutton
dezessete

18

arton
dezoito

19

nitton
dezenove

20

tjugo
vinte

100

hundra
cem

1.000

tusen
mil

1.000.000

miljon
milhão

engelska

inglês

amerikansk engelska

inglês americano

kinesisk mandarin

chinês mandarim

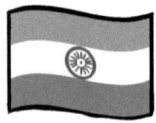

hindi

hindi

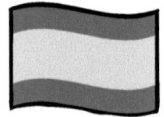

spanska

espanhol

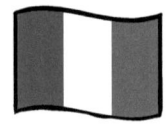

franska

francês

arabiska

árabe

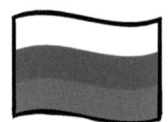

ryska

russo

portugisiska

português

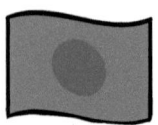

bengali

bengalês

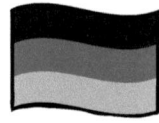

tyska

alemão

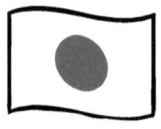

japanska

japonês

jag

eu

du

você

han / hon / den (det)

ele / ela

vi

nós

ni

vocês

de

eles / elas

vem?

quem?

vad?

O quê?

hur?

como?

var?

onde?

när?

Quando?

namn

nome

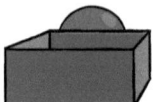

bakom

atrás

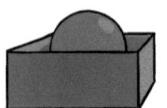

i

em

framför

na frente de

över

sobre

på

em cima

under

debaixo

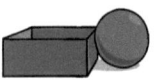

bredvid

do lado

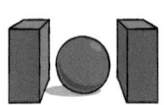

mellan

entre

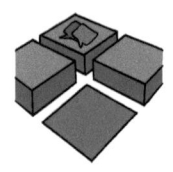

plats

lugar